LA

FUSION D'ORLÉANS

LA
FUSION D'ORLÉANS

PAR

Le Comte Frédéric de Bruc.

Flos florum.
Eques equitum.

PARIS

IMPRIMERIE D'ADRIEN DELCAMBRE ET Cie,
Rue Breda, 15.

Nouveau système de Composition, Justification et Distribution aux Machines
inventées par Adrien Delcambre, brevetées en France et à l'Étranger.

1854

INTRODUCTION

Il y a quelquefois dans la destinée des nations des événements qui restent gravés dans la mémoire des hommes, comme un grand exemple de la funeste influence que les courtisans peuvent exercer sur l'esprit des princes.

La trahison alors se dissimule sous le masque du dévouement, et elle met en avant le puissant motif nommé raison d'État, afin de cacher une perfidie.

Mais le bon sens, qui est la lumière que Dieu jette dans le cœur des hommes, finit toujours par les éclairer sur leurs véritables intérêts, malgré les efforts que font des insensés pour continuer l'obscurité.

Le droit que peut avoir une dynastie de régner sur un peuple sera toujours illusoire, si ce droit s'aide d'un principe qui soit contraire au sien.

Un droit en politique n'a de valeur de prestige que celui qu'il puise en lui-même, et non dans l'altération du principe qui fait sa force.

Louis XVI et Charles X pouvaient, l'un comme l'autre, s'appuyer sur leur droit pour combattre la trahison ; ils ne le firent pas parce qu'ils avaient des courtisans autour de leur personne.

Il est donc vrai de convenir que le plus grand malheur qui puisse arriver à un prince dans les moments suprêmes où son pouvoir est contesté, c'est celui de s'entourer de ceux qui lui cachent la vérité.

Cette classe de gens affiche un grand dévouement en paroles, mais rarement elles se traduisent en actes pour le service de leur opinion.

La gloire et le bonheur de la France sont des mots qui sonnent mal à leurs oreilles. Pour eux, le véritable courage consiste à faire des vœux en secret pour leur cause.

De là vient la déconsidération d'un parti, enfin les révolutions que les courtisans n'ont ni la volonté, ni l'énergie d'arrêter.

Voilà ce qui en France perdit la royauté. Et maintenant ces mêmes hommes prétendent altérer le principe de la légitimité royale, en le sapant dans sa base par une alliance orléaniste appelée *la fusion*.

Est-il équitable, nous le demandons, de vouloir tromper les légitimistes sur la fusion d'Orléans, en la décorant du nom de *conciliation* ou *soumission?*

C'est ici le cas de dire qu'un prince juste et sensé doit, dans toutes les circonstances ténébreuses où l'intrigue peut l'engager, ne jamais perdre de vue que tôt ou tard la lumière dissipera l'obscurité ; ce qui signifie que ses actes seront appréciés.

Que pensera-t-on aujourd'hui de celui qui, pour mettre en pratique des théories impossibles et pour y arriver avec honorabilité, se pare du titre pompeux de *révolutionnaire?*

Les places, les titres, l'or et le pouvoir, voilà le mobile qui le fait agir, plein de cette idée et appréciant lui-même son incapacité pour se créer une fortune.

Il se lance dans le crime, c'est-à-dire dans les combinaisons qui se résument toutes par le pillage du bourgeois, au moyen des ouvriers qu'il trompe, et dont il se fait une arme terrible pour attaquer la société.

Ces prétendus conspirateurs ont-ils un roi à vous donner en place d'un autre roi? Non, ils ont la naïveté de vous dire dans leurs manifestes qu'ils veulent abattre, piller et égorger dans le but unique de tout accaparer à leur profit.

En vérité, en réfléchissant sur l'audace que montrent parfois ces démolisseurs de société, qui, comme en l'an 93, furent un sujet d'effroi pour vos pères.

On se demande avec raison quel est le plus coupable et le plus méprisable de celui qui prétend vous égorger, ou de l'homme qui se laisse couper la gorge, comme un mouton, au nom de la liberté?

Vous avez vu des princes audacieux venir, les armes à la main, entourés d'un petit nombre de serviteurs fidèles, pour revendiquer leur droit à vous gouverner?

Ils vous apportaient la guerre civile, direz-vous. Oui, sans doute, mais ce n'était qu'une guerre d'un instant ; d'ailleurs, ils voulaient substituer un pouvoir glorieux à un pouvoir usurpateur, tandis que les soi-disants chefs de révolutions veulent et ne peuvent vous donner que le néant, la misère ou la mort.

Dans le siècle où nous vivons, on ne peut se le dissimuler, un quart de l'Europe conspire contre ceux qui ont su, par leur travail ou leur intelligence, se créer une existence.

Ces conspirateurs de toutes les nations veulent de l'or, et ils prétendent l'avoir au moyen des mauvaises passions qu'ils excitent chez le pauvre, c'est-à-dire l'envie et la paresse.

Ils crient bien haut le mot de *Liberté!* et chaque fois qu'ils peuvent s'emparer de l'autorité, c'est la terreur, le pillage et la mort qu'ils érigent en maxime de gouvernement.

Les Vendéens, les Bretons et les nobles de

France conspiraient aussi, mais c'était au grand jour, les armes à la main, pour avoir un roi de leur choix; la société ne pouvait donc périr par leur victoire.

En est-il de même de ceux qui, de gens de lettres qu'ils étaient, journalistes ou avocats, se sont improvisés hommes de guerre; la guerre, pour eux, c'est les livres et les articles de journaux qu'ils publient à l'étranger.

Si vous voulez être des conspirateurs sérieux, leur dira-t-on, abandonnez votre système de guerre ténébreuse, qui consiste en des écritures et des paroles; faites des actes honorables comme les généraux Hoche, Charette, Marceau et la Rochejaquelin, alors vous serez grands, même dans l'adversité.

Car la multitude aime les hommes d'audace, persévérants dans leur énergie malgré la malveillance qui s'attache à leur nom quand ils ne réussissent pas.

Le Prince énergique qui gouverne la France est un grand exemple de ce que peut le droit quand il est appuyé sur le courage, l'intérêt général et la religion.

LA

FUSION D'ORLÉANS

CHAPITRE PREMIER.

En vérité, on reste confondu quand on se prend à réfléchir sur l'admirable aplomb que montrent certains personnages frottés de quasi-politiques, lorsqu'on les entend débiter les maximes qu'ils ont inculquées dans l'esprit des Français.

Ces hommes, superbes d'orgueil et infiniment petits de bon sens, ont imaginé je ne sais quel rêve qu'ils voudraient faire adopter comme ligne de conduite dans le chaos des choses et des faits qui s'accumulent de tous côtés.

Ce rêve, car c'est le seul nom que la politesse puisse permettre de lui donner, a certainement un but malveillant à l'endroit du parti royal; ce but est, il ne faut pas se le dissimuler, celui de jeter le trouble dans ses rangs.

Qui croirons-nous? se disent les royalistes entre eux; sera-ce les prôneurs du système qui tend à réunir les deux branches de la maison de Bourbon dans un seul faisceau?

Ou bien croirons-nous la logique invariable qui n'a jamais trompé ceux qu'elle a dirigés dans leurs pensées?

Cette logique, qui se pose tout d'abord dans l'esprit du lecteur comme un épouvantail hérissé de difficultés, c'est simplement la lumière qui brille dans l'obscurité, pour conduire le royaliste vers la vérité.

En effet, enveloppé de mystères, car on peut appeler ainsi tout système qui n'aboutit à rien, le royaliste consciencieux se voit fort embarrassé en raison du profond silence qui se fait autour de lui, relativement à la pratique de son opinion.

Dans cette position, il est bien naturel qu'il cherche à découvrir la voie qui doit le diriger dans les ténèbres que l'on a faites devant lui.

Croyez-le bien, vous tous qui me lirez, ce n'est pas sans motif que déjà depuis nombre d'années on vous abuse sur vos véritables intérêts.

Le grand moyen, celui sur lequel on fonde un espoir certain, c'est la désunion des principes parmi vous, ce qui veut dire la désorganisation ou la fusion orléaniste.

La fusion orléaniste, dira-t-on, qu'est cela? Et quel est

l'homme sage qui osera avouer qu'il la conseille comme remède salutaire pour les maux du parti royal ?

Tout le monde en parlera, on trouvera même des aveugles qui la vanteront comme étant propice à cimenter l'union qui fait la force.

Mais où avez-vous appris, honnêtes royalistes, soit dans l'histoire des peuples ou celle des passions humaines, que la fusion des principes en politique fut un moyen d'existence ?

Vos pères, qui savaient bien ces choses, puisqu'ils les avaient pratiquées, instituèrent des règles politiques inflexibles, afin d'assurer par ce moyen la sécurité des peuples et aussi celle de l'autorité.

Aujourd'hui, après une expérience de quatorze siècles, vous prétendez, vous, gens sans raison et pleins de mauvaises passions, venir engager les royalistes à rompre le faisceau sur lequel s'appuie la légitimité !

La fusion, dites-vous, leur donnera la force qui réside dans l'union ? Mais, en vérité, avez-vous jamais pu croire qu'on puisse fonder quelque chose sur une idée fausse en pratique comme en théorie ?

C'est cependant ce qui résulte du système de fusion orléaniste, que des insensés s'efforcent maintenant, en présence des grands événements qui se préparent en Europe, de faire adopter comme règle de conduite aux royalistes.

Il faut véritablement qu'il y ait dans l'esprit de ces conseillers un grand fond d'orgueil et d'ignorance pour les faire s'assembler et disserter ensemble avec gravité sur l'importance de leurs idées.

D'abord il est certain que les princes d'Orléans tiennent à se dire issus de la révolution de 1830, qui les a jetés sur les marches du trône. Ce raisonnement, ils le font par ambition, ensuite afin de continuer l'œuvre révolutionnaire de leur père Louis-Philippe.

Mais vous, légitimistes, est-il bien certain que les précautions politiques que votre sagesse vous engage à prendre vous mettent en mesure ? Je ne le pense pas.

La raison, la voici : c'est que toutes les fois qu'un parti honorable veut faire adopter ses convictions politiques à la multitude, il doit commencer par lui montrer qu'il s'appuie sur un principe invariable qui écarte l'agitation par l'inflexibilité de sa règle.

Enfin, il doit bien se garder de laisser apercevoir à cette même multitude que la confusion règne dans ses maximes et dans ses rangs.

Je dis confusion dans les maximes, car il est bien évident qu'une fusion avec les Orléans, c'est une alliance avec la révolte, et, qui pis est, une infraction à la loi sacrée de l'hérédité ou de la légitimité.

Cette loi dit que les rois hériteront du trône par droit de primogéniture ou de suffrage universel, et non par la volonté ou le caprice d'une coterie d'ambitieux ou du souverain même qui méconnaîtrait la sainteté de cette loi et la grandeur de son mandat.

Or, je le demande, comment peut-on publier une combinaison politique qui a pour but d'autoriser une usurpation ; car le comte de Paris, intronisé par vous, ne serait jamais qu'un usurpateur, attendu que tant qu'un prince de la branche aînée de la maison de Bourbon vivra soit à Naples, à Madrid u ailleurs, M. le comte de Paris on'a rien à espérer, puisqu'il est issu de la branche cadette des Bourbons, appelée Orléans.

Cette règle, qui pourra peut-être paraître frivole au lecteur, est cependant d'une telle importance aux yeux des rois de l'Europe, que c'est sur ce principe conservateur que repose toute leur autorité.

Si par malheur le parti royal, qui est plein d'illusions relativement à ses intérêts, se laissait guider par vos conseils, il y a fort à croire qu'en accordant le titre de roi au comte de Paris il donnerait la guerre civile à son pays. Les proverbes populaires sont, nul ne l'ignore, le résultat de l'expérience des siècles anciens ; or, parmi ces proverbes, il en est un qui dit très-naïvement « qu'il ne faut pas vendre la peau d'un ours avant de l'avoir tué. »

En effet, des hommes graves, soi-disant politiques, se réunissent, en vue d'une éventualité, pour disposer du trône de France, qui, dans ce moment, se trouve occupé par un prince aussi courageux qu'éclairé.

Certainement, il est toujours sage de prévoir à l'avance les grands événements que la providence peut susciter dans un but qu'elle seule connaît.

Mais alors, soyez logiques, dirai-je à ceux qui prétendent vous éclairer ; en agissant comme vous le faites, vous travaillez à la déconsidération du parti royal.

Car, c'est vouloir sa ruine que de lui faire entrevoir comme une alliance utile une usurpation orléaniste, qui serait le signal d'une terrible révolution.

Il n'y a donc, pour le vieux parti légitimiste, qu'un chemin à suivre, c'est celui du principe traditionnel qui lui a été transmis par ses pères ; ce qui veut dire que tant qu'un Bourbon de la branche aînée vivra en France, ou même à l'étranger, il doit régner avant un Orléans.

Mais, va-t-on s'écrier, des princes étrangers ne peuvent être appelés à régner sur les Français !

Ceci est une erreur ; car, le principe n'a pas de patrie, puisqu'il est la base sur laquelle repose la sécurité des nations. D'ailleurs, les rois et leurs personnalités ne sont rien, tandis que les principes sont tout. En raison de cette maxime, qui est la loi de vos ancêtres, M. le comte de Chambord ne peut disposer du trône en faveur d'un Orléans.

Une conciliation ou accord mensonger entre deux mortels ennemis, que des flots de sang, la trahison et l'ingratitude séparent, est, suivant le bon sens, la plus impolitique combinaison que l'ignorance puisse inventer.

C'est, il ne faut pas se le dissimuler, le loup révolutionnaire orléaniste, affublé de la peau de l'agneau sans tache, qui s'introduit de la sorte dans la bergerie royale.

Faire un appel à la révolte orléaniste, afin de se fortifier, semble être un défi jeté à la noble France, afin de la livrer plus tard en pâture à ses plus cruels ennemis.

Louis XVI, Marie-Antoinette, Charles X et la digne duchesse de Berry ne sont-ils pas un souvenir terrible qui, comme un spectre hideux, viendra sans cesse s'interposer entre Orléans et Bourbon ?

Oui, sans doute, diront les orléanistes, mais *qui veut la fin veut les moyens;* ce qui, dans le fond de leur pensée, signifie clairement que, par le stratagème de la soumission ou fusion, ils prétendent escamoter le principe de la légitimité à leur profit et l'empire pareillement.

Après tant de luttes acharnées, de malheurs et de sacrifices supportés par les royalistes, que leur reste-t-il aujourd'hui ? Nous le demandons sans passion.

Il leur reste la douleur d'être contraints de pactiser avec leur plus cruel ennemi, l'orléanisme, celui qui, depuis soixante années, renaît sous toutes les formes pour jeter le trouble en France, détruire la vieille noblesse nationale et ruiner le peuple.

Maintenant que les Français sont éclairés sur la moralité de chacun, ils peuvent juger entre la trahison et la loyauté, c'est-à-dire entre l'orléanisme ou le gouvernement qu'ils se sont donné?

Imprudents que vous êtes! pourrait-on s'écrier en s'adressant à ceux qui n'ont pas craint de conseiller la fusion.

Avez-vous bien songé à l'importance de l'acte anti-national que vous avez fait?

Vous apportez l'alliance orléaniste, qui est la signification de la révolte, pour donner, dites-vous, de la force au parti royal.

Par cette mesure impolitique, savez-vous bien que vous autoriseriez peut-être des représailles qui, cette fois, pourraient vous être funestes?

Ces représailles, si le chef del'État le voulait, seraient un appel fait par lui aux passions révolutionnaires, que vous, qui vous dites royalistes, ne craignez pas d'évoquer en vous alliant avec les princes d'Orléans, qui en sont les esclaves les plus fidèles.

Il n'y a pas encore trois ans, vous trembliez de terreur en présence de la tourmente révolutionnaire qui grondait sur vos têtes, et vous appeliez de tous vos vœux une autorité énergique à votre secours.

Cette autorité, par la volonté de Dieu, s'est révélée à vos regards effrayés dans la personne de Louis-Napoléon, et il vous a sauvés.

Puis, voilà qu'en reconnaissance de ce service, vous vous liguez contre son gouvernement?

Enfin, pour symbole de guerre, vous acceptez le drapeau d'Orléans, celui qui servit d'étendard aux révolutionnaires qui combattirent la fidèle garde royale en l'an 1830.

On doit s'arrêter ici, afin de se conformer aux principes sacrés de la prudence ; car elle interdit à un écrivain le droit d'évoquer de cruels et douloureux souvenirs dans le cœur des Français.

Effacez donc de votre mémoire, si vous le pouvez, toutes ces espérances de vengeance qui, depuis bientôt vingt ans, vous ont aidé à supporter l'obscurité, la misère et la persécution.

Vos anciens ennemis sont devenus vos amis, vous dit-on ; attendez encore, et bientôt vous serez à même d'apprécier la vérité.

On vous assure, pour faire excuser la monstruosité d'une alliance entre Orléans et Bourbon, que nécessité a force de loi, et que la politique n'a pas de souvenirs.

A merveille ; mais avez-vous bien songé aux terribles conséquences qui peuvent résulter d'un semblable pacte ?

Plein de confiance dans le repentir que manifestent aujourd'hui les princes d'Orléans, M. le comte de Chambord va remettre entre leurs mains ses intérêts et son drapeau.

Mais pour que cet acte de loyauté chevaleresque soit profitable au parti royal, il faudrait d'abord que ceux en faveur desquels on veut bien montrer une si grande générosité fussent en position de pouvoir traiter librement.

Et c'est ce qui n'est pas ; car les princes d'Orléans appartiennent à la Révolution de 1830, et non à la famille de Bourbon, puisque leur père l'a renié en grattant son écusson.

Vous revenez sur le passé, va-t-on s'écrier, et par ce fait

vous essayez de raviver les haines, nous répondra-t-on ; seulement on vous rappelle qu'en raison de vos souvenirs, vous, royalistes, vous devez ne pas vous livrer au prestige trompeur de la fusion orléaniste.

D'ailleurs, la faction d'Orléans a cela de particulier, c'est qu'elle s'est glissée jusqu'aux positions les plus élevées, ce qui fait que son existence se manifeste par ses actes, mais que jamais elle n'est saisissable dans sa source, puisqu'elle est mystérieuse, c'est-à-dire partout et nulle part ?

Or, prétendre traiter à avantage égal avec un parti semblable, c'est vouloir, bien inutilement sans doute, saisir le vide dans l'espace.

Enfin, on se demande avec raison comment il se fait que les amis de M. le comte de Chambord lui aient jusqu'à ce moment conseillé le silence et l'immobilité, pour l'en faire sortir aujourd'hui par un acte contraire à la logique et à la dignité de son drapeau.

Vous avez constamment rejeté l'action, leur dira-t-on, car elle exposait vos têtes, mais vous adoptez l'intrigue orléaniste parce qu'elle vous permet le courage sans dangers.

Henri IV, la duchesse de Berry, Louis-Napoléon et le prince de Condé n'agirent pas pareillement.

Un écrivain journaliste vient d'émettre son opinion sur la moralité de l'alliance dite d'Orléans.

Il la représente comme une tache faite au noble écusson de la vieille race des Bourbons.

Envisagée sous ce point de vue, on ne peut se le dissimuler, cette fusion, fût-elle même sincère, ne peut que réveiller de douloureux souvenirs dans le cœur des royalistes fidèles à l'honneur.

Et, par ce fait, ce noble parti est exposé à perdre en principe ce qu'il gagnera seulement peut-être par une mésalliance.

Or ce marché, car c'est le seul nom que l'on puisse donner à une semblable affaire, n'est pas également avantageux pour les deux partis contractants.

En effet, suivant la raison, le principe honorable de la légitimité n'avait nullement besoin d'être étayé par la cause bâtarde et révolutionnaire des princes d'Orléans.

Et on a lieu d'être très-étonné d'entendre parler de fusion, quand il semblerait ne *devoir jamais* être question que de soumission.

Le vieux parti royal est fort par le prestige de pureté de principe qui l'élève au-dessus des révoltes et des intrigues.

Cela étant, pourquoi consent-il à descendre de son piédestal de tradition et de gloire, pour venir se mettre au niveau de la trahison, en traitant avec elle?

Serait-ce pour cacher derrière son honorabilité le souvenir de la faiblesse dont ont fait preuve les princes d'Orléans, lors de la révolution?

Ils ont trouvé leur salut dans la fuite ; aujourd'hui, ils semblent vouloir ressaisir le pouvoir qu'ils ont laissé échapper de leurs mains débiles!

Pour arriver à ce but, qui est le motif secret de leur soumission tardive et calculée, ils viennent audacieusement proposer la fusion, c'est-à-dire l'altération du principe sacré de la légitimité.

Je dis l'altération du principe de la légitimité, parce que vouloir prétendre transmettre la royauté à M. le comte de Paris, c'est attenter à la loi de vos pères, qui établirent l'hérédité par le droit de primogéniture et non par celui de l'intrigue et de la révolte.

Ce n'est donc pas sur le principe bâtard et révolutionnaire d'Orléans qu'il faut compter pour se fortifier, mais bien sur Dieu et sur soi-même.

Maintenant, si au mot impropre de fusion on veut substituer celui de soumission ou conciliation, il ne reste plus aux royalistes qu'à observer les princes d'Orléans attentivement et à veiller sur le principe de la légitimité, que l'on veut sans doute annuler par l'adoption de M. le comte de Paris.

Enfin, la fusion, assurent d'honnêtes gens, c'est la soumission pleine et entière des princes d'Orléans envers le chef de la maison de Bourbon.

Donc, ajoutent-ils naïvement, il n'y a pas de fusion, mais bien une réconciliation entre parents.

A merveille, leur répondra-t-on, s'il vous suffit d'une transformation de mots pour vous faire oublier les massacres de la Révolution et ceux de la Vendée, en 1832 ; alors vous êtes bien singuliers.

Veuillez être certains qu'un Orléans intronisé par vous dans les éventualités de l'avenir, c'est encore la guerre civile en perspective pour votre pays.

CHAPITRE II.

Le Parti royal.

Le grand défaut du parti royal et qui le condamne à n'être jamais qu'une puissante inertie dans la lutte des passions publiques, c'est l'étiquette invétérée qui domine tous les rangs de son imperturbable hiérarchie personnelle.

En dehors du petit cercle de ses chefs, quelsqu'ils soient, il n'y a rien à faire, et il ne se fait rien. Tel il est quand il a le pouvoir, tel il est quand il en est déchu, et tel il sera toujours jusque dans l'exil même. C'est donc alors un miracle seul qui peut le remettre à flot et qui plus est, sans sa participation directe ou immédiate.

Cette condition d'être attaché à sa nature est la cause qui le décime et le désunit. Aussi longtemps que dure son isolement des affaires, sa tactique militante est toujours l'émigration soit à l'étranger ou à l'intérieur.

En 1830, c'est le dernier système qui a prévalu; tous les

postes publics qu'il occupait, il les a quittés par un sentiment d'honneur très-louable assurément, mais impolitique.

Ceux auxquels il pourrait pretendre aujourd'hui, il s'en éloigne et, d'abstention en abstention, il tombe ainsi dans l'insignifiance d'une coterie, ou l'intérêt public finit bientôt par le perdre de vue.

En 1830, l'opinion royaliste était representée par deux principaux organes en possession de sa confiance et régulateurs de ses impressions ; l'un était la *Gazette de France*, l'autre la *Quotidienne*.

Ces deux journaux s'entendaient assez mal ou plutôt ne s'entendirent pas du tout sur la direction à donner à leur polémique ; tous deux cependant reconnurent la validité des abdications en faveur du duc de Bordeaux, *ce qui était déjà renier implicitement le dogme de l'hérédité royale*, principe et base de la foi monarchique.

La *Gazette* alla plus loin encore. Elle renia son symbole nominatif pour conjurer l'orage révolutionnaire qui grondait alors si fort, et elle substitua au titre si noblement éprouvé de *royaliste*, le nom évasif de légitimiste.

Le cours des événements subséquents à prouvé ce que ce subtil déguisement devait faire de bien au parti.

Mais incontinent parut un autre organe franchement royaliste, qui coupa court à toutes ces timides temporisations, et replaça l'opinion du parti dans toute l'intégrité de ses principes. Ce nouveau journal était la *France* qui, dès son origine, se posa courageusement comme l'organe des *intérêts monarchiques et religieux de l'Europe*.

Sa noble attitude, la rigueur de sa rédaction et l'allure chevaleresque de cette publication ne tardèrent pas à gagner les souffrages de la cour exilée, et à lui mériter le patronage spécial de S. M. Charles X qui, depuis ce moment jusqu'à sa mort, ne cessa de considérer la *France* comme l'organe adoptif de sa pensée.

Mais le fondateur de ce journal, n'en fut que d'autant plus en butte aux malveillances tracassières, aux jalouses intrigues de toutes les sommités du parti royaliste, sans la permission duquel il avait ainsi planté son drapeau au milieu du camp qu'il s'était ouvert de sa propre autorité.

Certes le parti royal étant constitué de la sorte peut à la rigueur se maintenir tant bien que mal quand il est au pouvoir.

Mais s'il lui est possible de s'y tenir plus au moins longtemps, il faut moralement qu'il renonce à y remonter jamais s'il ne change de politique.

La fusion acceptée par M. le comte de Chambord semble être un malheur pour lui ; heureusement que les conseils que reçoivent à ce sujet les princes d'Orléans sauveront le parti royale du plus grand danger qu'il puisse braver.

En effet, quel est le but que l'on se propose en faisant un acte. Évidemment on répondra que c'est que l'on croit agir dans son intérêt et pour arriver à une solution qui soit utile.

Or, quelles seront les conséquences d'une alliance avec les princes de la maison d'Orléans.

Pourquoi veut-on s'allier à eux et pourquoi ont-ils refusé jusqu'à présent ?

Enfin ne s'aperçoit-on pas d'un fait qui est que l'intronisation d'un Orléans dans les éventualités de l'avenir c'est la guerre civile.

Les rois de France sont les représentants du principe

d'hérédité ; ils ne leur est pas permis de le changer ou de l'altérer.

Voilà pourquoi Louis XIV, tout puissant qu'il était, n'a pu faire qu'un acte illégal avec le roi d'Espagne, lorsqu'il obtint de ce souverain sa renonciation au trône de France pour lui et ses enfants.

Le roi d'Espagne, pas plus que le roi de France, n'avait qualité pour changer ou altérer à son gré le droit héréditaire.

Il ne leur était pas permis de le transmettre de la branche aînée à une autre branche, attendu qu'ils ne sont que les représentants de ce droit sur lequel reposent la paix et la sécurité des monarchies.

Quel est le but que l'on se propose en opérant la fusion entre Bourbon et Orléans. Évidemment, ce n'est pas la sympathie du sang ni les souvenirs de famille qui peuvent engager ces deux branches à se rapprocher ; il ne peut donc y avoir que le motif politique, autrement dit l'intérêt.

De part et d'autre, en faisant cette alliance monstrueuse, on prétend se tromper, et la rouerie des conseilleurs de prétendant est ici aussi claire que le soleil qui brille au firmament.

Ils veulent d'un côté perdre M. le comte de Chambord en l'engageant à faire des avances à des princes rebelles, avances qui, aux yeux des royalistes sensés, auront le trouble pour résultat si elles sont accueillies. Le trouble, c'est la désunion, la méfiance et la mésintelligence dans le parti royal ; la cause c'est qu'un Orléans qui serait adopté par M. le comte de Chambord serait un cas de guerre civile dans les éventualités de l'avenir, et une porte ouverte à la vengeance contre les royalistes et aussi les bonapartistes,

par la raison qu'ils ont attaqué l'orléanisme à Strasbourg et
à Boulogne.

Qu'on cesse donc de vouloir faire du comte de Paris un
prétendant sérieux, car il ne peut jamais être qu'un usurpateur. Les soi-disants savants conseillers du comte de
Chambord n'ignorent pas cette vérité, mais la mésintelligence, le trouble dans les esprits, leur donnent de l'importance ; voilà pourquoi ils cachent le jour à leurs amis.

Les princes d'Orléans sont riches et puissants par leurs
alliances anglaises, belges et espagnoles ; ils peuvent
donner de fortes sommes à ceux qui se sont faits leurs conseillers. Alors ces conseillers les poussent à la rébellion contre
le chef de la maison de Bourbon. On leur parle du droit qu'ils
ont de régner en France, en raison de la révolte de 1830.
Influencés par cette idée, *qui est fausse et illégale en fait
comme en droit*, et animés par l'esprit d'orgueil qui consiste
à vouloir faire revivre l'œuvre de leur père, ces princes
marchent en aveugles vers un abîme où ils seront en-
gloutis.

Pourquoi M. le comte de Chambord veut-il s'allier au comte
de Paris ? Évidemment, ce ne peut être par affection pour
lui, c'est donc parce qu'il espère en tirer profit ? Or, l'histoire est là pour démontrer que jamais une alliance orléaniste n'a été profitable à celui qui l'a entreprise.

Et il n'y a de pouvoir possible en France, dans ce temps,
que celui qui repose sur l'autorité issue de l'élection
populaire qui se personnifie dans S. M. I. Louis-Napoléon.
Toute autre combinaison est fausse dans son principe, et
illégale dans son application. Vouloir nier cette vérité,
c'est tomber dans la confusion ou dans des théories qui
conduisent à l'anarchie.

Le salut de la race des Bourbons est dans le grand principe de l'hérédité légitime, sans altération, c'est-à-dire selon l'esprit du contrat passé entre *peuple et roi*; qui a fondé la monarchie française il y a huit siècles.

Pour atteindre le but qui doit donner force et sécurité, il faut que M. le comte de Chambord s'adjoigne un successeur dans les princes de la branche aînée des Bourbons.

On pourra bien objecter que ces princes sont étrangers, et par conséquent inaptes à succéder au roi de France; c'est une bien grande erreur, attendu que le droit n'a pas de patrie, car il est la logique de toutes les nations.

A cette occasion, je dirai que c'est à la couardise et aux phrases parfaitement brillantes des avocats que Charles X dut la perte de sa couronne, bien plus qu'aux coups de fusil des combattants de Juillet 1830. En effet, beaucoup d'entre eux conviennent loyalement qu'ils n'ont jamais eu d'animosité contre le vieux roi, et qu'ils vénèrent sa mémoire.

L'historien le plus habile est celui qui s'attache davantage à relater la *vérité, rien que la vérité sans passion*, sur les faits et les hommes qui les firent naître. C'est pourquoi je dis en conscience que la France doit la position où elle se trouve maintenant bien plus aux endormeurs politiques à phrases éloquentes qu'au peuple qui, après tout, n'a d'autre tort que celui de n'être pas toujours édifié sur ses intérêts; car ce n'est qu'à l'abri du droit héréditaire, représenté en la personne d'un empereur ou d'un roi, que peut naître la paix de la France, sa gloire et ses libertés.

Il résulte de cet exposé, pour l'enseignement de tous, sans entrer dans des preuves de détail superflues, que le parti qui s'intitule légitimiste, en raison de son principe, qui donne force à l'autorité, est moral dans son ensemble, mais que ses chefs seuls ont manqué de courage en reculant sans cesse devant l'application du remède nécessaire à son mal; cela afin d'éviter les dangers qu'ils avaient eux-mêmes créés par leur inhabileté et leur pusillanimité. Une femme seule, dont le nom rappelle des souvenirs d'audace et d'héroïsme, S. A. R. madame la duchesse de Berry, montra à l'Europe jusqu'où peut aller l'amour maternel quand il est stimulé par le sentiment de la gloire nationale. Je dis la gloire nationale, car l'usurpation de Louis-Philippe, opérée sans obstacle par des moyens aussi vulgaires que ceux dont il s'est servi, est et restera toujours une honte pour le pays.

CHAPITRE III.

Le Droit et la Force en politique.

Henri IV fut un exemple d'énergie constante, et les revers de fortune, le manque d'argent même ne firent qu'exciter son émulation qui restera comme un modèle éclatant de ce que peuvent faire le courage et la persévérance.

La sainte ligue était formidable; un prince vaillant la commandait, et son armée avait pour auxiliaire puissant le fanatisme religieux. Cependant cette multitude, si bien organisée qu'elle était, fut dissipée par l'esprit guerrier qui animait le roi de Navarre.

Pourquoi cela, parceque ce prince, aussi sage que soldat, ne plaçait pas seulement sa force et son espoir dans les sympathies que devait exciter son droit au trône de France, mais bien plutôt dans la puissance de ses armes.

Il se disait que le droit en politique n'a de valeur qu'autant qu'il est soutenu par la force, et cette vérité est tellement sensible aux yeux des gens raisonnables que l'Angleterre, depuis plusieurs siècles, écrit sur son écusson : *Dieu et mon droit.*

Or, Dieu signifie la force, qui est la pratique du pouvoir dont le droit n'est que la théorie. Un grand nombre de rêveurs, à imagination sans portée, vous diront le contraire et que le droit constitue la force.

Vous voudriez admettre cette idée comme une vérité que l'expérience, qui a bien sa valeur, serait là, ainsi que l'histoire, pour vous en empêcher.

Car on ne peut se le dissimuler, ce grand contrat passé entre les peuples et les rois, contrat qui devait leur assurer la perpétuité de l'hérédité souveraine, a plus d'une fois été déchiré par la pointe d'une épée.

De nos jours même et de toutes parts ce dédain pour la foi jurée par les peuples se reproduit à chaque instant. Tant il est vrai de convenir avec humilité que la puissance que l'on nomme le droit n'a d'autorité et de prestige aux yeux des hommes que quant elle est imposée par la force.

Voyez les rois dom Miguel de Portugal, les Stuarts d'Angleterre et Charles V d'Espagne ; ne sont-ils pas des exemples frappants de la faiblesse du droit ?

Ils comptèrent seulement sur leurs principes et ils tombèrent avec lui, en faisant appel à la justice de Dieu et à celle des hommes qui sont restées sourdes à leurs évocations.

C'est que dans tous les temps, de même que dans notre siècle, il ne suffit pas d'avoir une couronne royale sur son blason ; il faut aussi porter une forte épée à son côté et savoir s'en servir suivant l'opportunité.

Napoléon III fit-il un appel à son droit glorieux par des écrits, lorsqu'il osa, seul avec quelques audacieux, relever son drapeau à Strasbourg? Non, il se mit à la tête des troupes et il marcha contre l'usurpation orléaniste.

Le succès ne couronna pas son entreprise, il est vrai, et il faillit y perdre la vie, mais le courage est sympathique dans le cœur des Français. C'est pourquoi ils lui surent bon gré de l'énergie qu'il déploya dans cette circonstance.

L'aigle impérial du grand Napoléon était enterré à cent pieds sous terre, et le coq gaulois, symbole de surveillance, avait la griffe étendue sur lui.

Cependant ce ne fut pas la noblesse impériale, ni les poésies, épistolaires napoléoniennes qui déterrèrent le drapeau impérial.

Non, sans doute, ce fut l'esprit énergique et clairvoyant qui caractérise Louis-Napoléon.

Il se dit comme Henri IV : j'ai mon droit, il est vrai, mais je porte aussi une épée. En conséquence, en avant contre l'usurpation d'Orléans, car elle ne vaut pas la gloire napoléonienne.

En réfléchissant sur les voies mystérieuses où la volonté de Dieu engage ceux qu'elle marque de son doigt de feu pour passer comme un grand exemple à la postérité, on reste confondu en observant combien sont faibles en apparence les moyens dont la providence se sert pour sauver l'humanité.

En effet, la France allait périr dans l'anarchie et elle se tordait sur le lit de douleur que lui avait fait l'Assemblée nationale.

Lorsqu'un prince dont le nom glorieux est une arme contre le désordre, interposa son autorité pour sauver la France qui allait périr sous la sanglante étreinte de la révolution.

Dans cette position, nous le demandons sans passion, l'ombre de Napoléon Ier, n'eût-elle pas tressailli d'indignation, si celui qui se posait en face du monde comme son successeur se fut contenté de se retrancher dans la grandeur de son nom, afin d'éviter les dangers.

En agissant ainsi cependant, Louis-Napoléon n'eut fait que suivre l'exemple qui lui était donné par plusieurs rois sans royauté, *c'est-à-dire, sans autorité*. Ils attendent leur sceptre de la justice de Dieu, de celle des hommes, ou plutôt des révolutions, qu'ils regardent passer sans avoir l'énergie de les combattre.

Cette politique de la part de ces princes, si tant est que l'on puisse l'appeler de ce nom, sera sévèrement apprécié à sa juste valeur par l'histoire qui dira la vérité en signalant les hommes et les choses par leurs véritables appellations.

On doit donc convenir qu'il n'y a de véritable droit que celui qui s'appuie sur la force qu'il puise en lui-même, c'est-à-dire dans son courage; car Dieu a dit : Aide-toi, et je t'aiderai.

On sait fort bien que les princes ont habituellement un entourage qui se compose de gens verbeux et peu portés à jouer leurs têtes dans une entreprise. Ils parleront du sacrifice de leur fortune, parcequ'ils savent fort bien que ce n'est pas avec de l'argent qu'on renverse les trônes, mais avec de l'audace.

Et l'audace, on est forcé d'en convenir, a toujours été pour eux une chose étrange, pour ne pas dire extravagante. Ces gentilshommes à blason douteux vivent fort tranquillement dans leurs châteaux, ou à l'étranger dans la compagnie de leur roi sans couronne.

Ils n'en veulent pas davantage. Comment, s'écrient-ils

quand on leur parle d'action, vous voulez compromettre le roi en l'engageant dans une guerre civile?

C'est bon, ajoutent-ils en se grandissant dans leur propre estime, pour un prince aventureux comme Henri IV, mais non pour notre roi que Dieu garde pour une haute destiné.

Ainsi, comme on peut le voir, il n'est pas de subterfuges, ni de ruse dans le langage, devant lesquels ces gens reculent pour cacher la terrible maladie dont ils sont atteints, c'est-à-dire la peur; et cette maladie est si grande dans leur esprit, qu'elle va aujourd'hui jusqu'à leur faire pactiser avec les Orléans, leurs plus mortels ennemis.

Si la crainte de se compromettre est exagérée chez les courtisans qui vivotent bourgeoisement à l'étranger, il est vrai de dire que très-souvent la reconnaissance fait défaut dans la memoire des princes qui ressaisissent le pouvoir.

Ce triste tableau des misères humaines et des faiblesses des princes pourra paraître exagéré à ceux qui ne les ont pas apréciées. Cependant il faut dire, pour rendre hommage à la vérité, que cette image est encore bien au-dessous de la réalité.

Il est vrai qu'il se trouve parfois des rois que la noblesse de leurs sentiments élève au-dessus de cette politique; mais le nombre en est minime.

Soyez donc étonné après cela du peu de serviteurs qui, aux jours du malheur, manifestent un dévouement sans bornes à leur souverain.

Louis XVI eut des flatteurs qui l'abandonnèrent sans pudeur dans l'adversité, mais il trouva aussi une fidélité à toute épreuve dans le cœur des Bretons et des Vendéens.

Les soi-disants grands seigneurs de cette époque, qui étaient à peine d'origine noble, tant les mésalliances de leurs pères les avaient abâtardis, furent les premiers à abandonner leur roi sous la hache révolutionnaire, tandis que la véritable et vieille noblesse de France donna tout son sang à la royauté.

CHAPITRE IV.

La Fidélité et la Capacité.

Les principes dont j'établis l'excellence, dans ce livre sont vieux comme le monde, et ils forment le code naturel sur lequel repose la sécurité des nations. Or, ce que je dis ici, d'autres l'ont dit avant moi, et souvent ils ont été écoutés par les rois dans l'intérêt des peuples que Dieu leur a confiés.

La vérité, qui vient de loin en loin dissiper les ténèbres qu'il plaît à Dieu d'étendre sur les yeux des puissants de la terre, laisse apercevoir que les plus humbles sont quelquefois ceux dont la providence se sert pour porter la lumière là où règne l'obscurité.

En raison de cet axiome, qui fait que la lumière quoiqu'elle vienne d'en bas ou d'en haut, est toujours la lumière, je dirai que rien n'est logique comme une politique franche et loyale ; car elle est le résultat de l'expérience du temps passé.

La politique cauteleuse, machiavélique au contraire, offre

tout d'abord une pleine sécurité, en ce sens que l'on se croit plus subtil que ceux que l'on veut tromper.

Partant de ce principe vicieux, vous prenez les créatures des gouvernements qui vous ont précédés, en raison de la capacité que vous supposez à ces créatures et vous leur abandonnez les postes importants de l'État. Grand étonnement alors et découragement profond chez ceux qui vous ont donné des preuves de dévouement réel.

« Hé quoi! s'écrient-ils, nous avons tout sacrifié pour vous et vous nous préférez vos ennemis et les nôtres! »

Ici paraît l'erreur continuelle, malgré les exemples éclatants qui ont été donnés par la providence.

Pour des choses nouvelles, il faut des hommes nouveaux, et les agents des pouvoirs déchus, ne sont pas des hommes nouveaux, ils sont ennemis ou indifférents.

Serait-ce à dire qu'il n'y a que cette classe de gens qui soit capable d'administrer; on ne peut le penser?

Dans tous les siècles, la capacité, l'intelligence se trouvent facilement; mais la conviction la fidélité qui enfantent de grands dévouements ne se rencontrent pas aussi aisément.

Or, il semble logique et politique de n'employer que des gens fidèles. La capacité avec l'astuce qui la signale prend souvent le masque de la fidélité pour arriver à la trahison, tandis que la fidélité véritable, sincère, se manifeste par des actes et non par des paroles.

On sait fort bien que la nation française a donné plus d'une fois le spectacle singulier de la mobilité rapide de ses opinions politiques. Mais le motif de cette conduite qui semble tenir de la folie s'explique par une cause que personne jusqu'à ce moment n'a signalée.

Depuis soixante ans, tous les gouvernements qui se sont succédés les uns aux autres, comme dans l'Océan la vague succède à la vague, ont eu la fatale idée d'employer dans les postes de confiance de l'État des hommes réputés intelligents, capables, sans leur demander des garanties de leur fidélité. Il en est résulté qu'à chaque révolution ces fonctionnaires très-intelligents ont déployé toute leur capacité non pour soutenir le gouvernement, mais leur position.

En agissant ainsi ces agents, infidèles, indifférents, ne sont pas coupables, car ils suivent l'exemple qui leur est donné par l'histoire. En effet, ouvrez le livre des révolutions de ce pays, vous y lisez à chaque page les noms des pères ou des fils de ceux qui ont constamment fait la guerre à la monarchie.

Pour leurs victoires remportées sur elle, ces mêmes fonctionnaires se sont faits nobles, afin de cacher leur vulgarité.

Toutefois malgré leur vêtements de dignitaires, ils ne peuvent dissimuler, sous les broderies qui les ornent, leur dévouement douteux à tous les gouvernements, de même que la valeur intrinsèque qui les spécialise.

Il est donc sage, afin de profiter des leçons de l'expérience qui ne trompe pas, de faire plus de cas de la fidélité éprouvée que de la capacité qui aboutit souvent à l'indifférence ou à la trahison.

Tous les rois qui ont cru devoir faire acte d'oubli envers leurs fidèles, espérant par ce moyen s'assurer le pouvoir, ont péri misérablement.

Henri IV, Louis XVI et Charles X sont là pour servir d'exemple à ceux qui seraient tenté de les imiter.

Mais, dira-t-on, les temps ne sont plus les mêmes. Sans doute les temps sont changés, mais les passions qui élèvent et renversent les trônes, sont toujours debout, pleines de vie. Or, pour faire face à ces passions, il n'est pas inutile de rechercher la fidélité?

Une grande partie des Français prétendent qu'une monarchie n'est pas nécessaire, et que la direction des affaires du pays peut être confiée à un conseil qui serait investi du pouvoir exécutif.

C'est une bien grande erreur, car l'expérience du passé qui doit servir d'exemple, vous prouve sans réplique, que là où l'autorité se trouve partagée, là aussitôt surgit le désordre et l'anarchie.

Les révolutionnaires vous diront : la liberté est comme le soleil, elle doit briller toujours brûler sans cesse.

Mensonge et erreur de l'imagination. La liberté, pour qu'elle soit un don du ciel, c'est-à-dire utile à l'humanité, doit être maintenue dans des limites raisonnables, sinon elle incendie au lieu d'éclairer de ses rayons bienfaisants.

Il ne s'agit pas dans le temps où vous vivez, de vouloir chercher dans celui que le ciel vous donne pour chef, un prince de votre choix; il faut un grand nom qui, par son prestige, soit un obstacle contre l'anarchie qui peut vous envahir. Il n'y a que les gens intéressés au désordre, parce qu'ils en tirent profit, qui nieront cette vérité.

Les constitutions et les libertés qu'elles assurent au peuple sont assurément fort séduisantes en théorie, mais qu'il arrive un évènement inattendu qui déjoue les combinaisons des hommes, alors vous verrez ce que peuvent ces majestueuses appellations de constitution. Une autorité élevée, représentée par un prince énergique au contraire, arrêtera toujours le désordre parce qu'elle aura pour elle le prestige de la renommée et aussi l'unité d'action et de commandement.

Laissez donc aux aveugles et aux peuples faciles à gouverner ces grandes inventions de constitutions qui sont des mensonges, attendu que chaque article composant le texte de ces contrats politiques peut être interprété de diverses façons pour complaire au parti dominant du moment.

Ce n'est pas à dire qu'il soit nécessaire de faire de l'absolutisme pour commander au peuple. Non sans doute, il faut simplement une direction hardie et juste, concentrée dans une main ferme. Voilà tout le secret de la politique.

CONCLUSION.

En fait et en droit, il ne peut y avoir que deux moyens
pour gouverner une nation, savoir : par la forme de la légitimité traditionnelle ou par le puissant levier du suffrage
universel, appelé élection populaire.

Or, le système qui pourrait résulter de la combinaison
fusionniste, qui consiste dans l'adoption de M. le comte de
Paris, ne serait jamais, quoi qu'il arrive, qu'une royauté bâtarde comme celle de la Révolution de 1830, qui fut enterrée
sous les barricades de Paris, d'où elle était sortie.

Tant il est vrai de dire que dans le bon sens et la loyauté
des Français, une supercherie ne sera jamais honorée, ni acceptée par eux comme une vérité.

Après de tels exemples donnés par la providence, il serait

plus qu'imprudent de la part des royalistes de se fier aux princes d'Orléans.

Par la raison que ces princes appartiennent à la révolte et aux intrigues ténébreuses depuis deux générations.

Ce qui les fait ennemis naturels du vieux principe de la légitimité, qui leur barre le passage.

Il n'y a donc pour M. le comte de Chambord qu'un seul parti à prendre, c'est celui de se bien garder de ses cousins d'Orléans.

Enfin, je répéterai qu'on se fait en France une bien fausse idée du principe d'hérédité royale ; celui qui en est le repré-sentant et les princes d'Orléans semblent eux-mêmes ne pas apprécier la position dans laquelle ils se trouvent par rapport à la pratique de ce principe.

Lorsque, dans l'origine, vos ancêtres en reconnurent l'utilité, ce ne fut pas afin d'être agréables à tel ou tel chef qu'ils le déclarèrent héréditaire dans sa famille, mais bien pour assurer la sécurité de chacun en particulier, et celle de la France en général. Or, la question d'hérédité légitime pour les races royales et impériales est une question de politique nationale et non une affaire de partis.

Aujourd'hui, par esprit de parti, on semble vouloir prétendre que le prince qui représente le vieux principe monarchique peut à son gré adopter un d'Orléans.

Étrange théorie, injuste dans son principe et dans son application, car la grande nécessité qui créa la force de l'hérédité pour la paix des peuples fait une grande distinction entre un d'Orléans et un Bourbon de la branche ainée l'un comme l'autre doivent obéir aux lois qui assurent la stabilité de l'hérédité.

Quand à S. M. Louis-Napoléon, sa position est toute différente en ce sens qu'il représente le principe de l'élection populaire, dans laquelle l'hérédité a déjà commencé et doit être continuée par lui sous le nom de Napoléon III.

Cette vérité est tellement évidente, qu'en consultant l'histoire on lit: que les États qui s'écartèrent des principes sacrés de l'hérédité tombèrent en anarchie ensuite, en esclavage, comme l'Italie et la Pologne.

Certains journaux essaient, au moyen d'insinuations mensongères, de persuader aux Français que le patronage de la Russie est assuré à la fusion d'Orléans et qu'elle est son ouvrage.

En vérité il faudrait se faire une bien pauvre idée de la politique de Nicolas, pour s'imaginer qu'il puisse descendre à employer de semblables moyens pour attaquer Napoléon III, lequel, en raison de la logique des choses, est le seul souverain que la Russie doive ménager, comme devant tôt ou tard devenir son allié.

Qu'on veuille donc bien ne pas se faire d'illusion à cet égard; car ce serait se tromper sur la pensée du Czar, attendu qu'il considère S. M. Napoléon III, non comme un ennemi, mais bien comme l'adversaire inflexible de la démagogie qui agite l'Europe.

FIN.

158

www.ingramcontent.com/pod-product-compliance
Lightning Source LLC
Chambersburg PA
CBHW061241030726
47595CB00004B/1646